Europäisches Nordmeer
Grímsey
Dänemarkstraße
Reykja-
fjörður
Ísafjörður
Dranga-
jökull
Norðurfjörður
Krossnes
Djúpavík
Arnarfjörður
Borgarfjörður
Steingrímsfjarðarheiði
Westfjorde
Drangsnes
Siglufjörður
Fell
Skagaströnd
Húsavík
Jökulsá á
Fjöllum
Dettifoss
Krafla
Akureyri
Námafjall
Goðafoss
Mývatn
Borgarfjörður
Aldeyjarfoss
Flatey
Blandá
Héraðsvötn
Skjálfanda
Jökulsá á Brú
Egilsstaðir
Seyðisfjörður
Breiðafjörður
ISLAND
Fáskrúðs-
fjörður
Stykkishólmur
Grundarfjörður
Snæfellsjökull
Snæfellsnes
Stöðvarfjörður
Breiðdalsvík
Arnarstapi
Hofs-
jökull
Lang-
jökull
Borgarnes
Þjórsá
Vatnajökull
Höfn
Þingvellir
Gullfoss
Þingvalla-
vatn
Geysir
Þórisvatn
Seltjarnarnes
Reykjavík
Bessastaðir
Hafnarfjörður
Hvítá
Jökulsárlón
Reykjanes
Hekla
Laki
Skaftafell
Blaue Lagune
Grindavík
Krýsuvík
Kirkjubæjarklaustur
Fljótshlíð
Mýrdals-
jökull
Eyjafjalla-
jökull
Sólheima-
jökull
Katla
Skógafoss
Vestmannaeyjar
Heimaey
Vik
Kap
Dyrhólaey
Atlantischer Ozean
0
20
40
60 km

VORWORT

Island ist nicht nur eine Insel im hohen Norden, mit wilder Natur und bewohnt von Menschen, die direkt am Polarkreis von langen Sommernächten und kalten Wintermonaten geprägt sind. Sondern sie ist die größte Vulkaninsel der Welt, genau auf dem Mittelatlantischen Rücken gelegen, und sie wächst mit bis zu zwei Zentimetern im Jahr. Durch den Aufstrom von heißem Gestein aus dem Erdinnern erhalten die auseinanderdriftenden Kontinentalplatten der Insel Nachschub. Islands Erde lebt und bebt und spritzt und kocht und ist dennoch zu über zehn Prozent mit Eis bedeckt. Die baumlosen Ebenen und Gebirge sind dem Ursprung der Erde ganz nah. Wild wäre eine Untertreibung. Hier fühlt und sieht man das Inferno, aus dem die Welt entstand, der ewige Wind fegt über ein Panoptikum an Sinneseindrücken wie bei »Jurassic Park«, nur ohne Dinosaurier. Dafür mit Menschen, die in diesem Umfeld gelernt haben zu überleben. Fast alle zusammengedrängt in der Hauptstadt Reykjavík. Ansonsten finden wir durchschnittlich nur zwei bis vier Häuser auf 40 Quadratkilometern. Diesem Land, das wie kein zweites ist, wünschte ich mir genau so fotografisch zu begegnen: Einerseits sollte die grandiose Natur dargestellt werden und wie die Menschen mit ihr leben, andererseits sollten ebendiese Bewohner in ihrem Wesen gezeigt werden.

Kaum jemand versteht es besser, mit einer schweren Mittelformatkamera Tag und Nacht, im Winter wie im Sommer, bei Regen und bei Schneesturm mit großer Geduld für das richtige Licht und perfekte Schärfe Landschaften, Häuser oder Häfen zu fotografieren als Heike Ollertz. Nicht nur mit ihrem ersten Bildband bei **mare**, »Irland«, sondern auch in vielen weiteren Bildreportagen bewies sie den souveränen Umgang mit ihrer handgefertigten Alpa mit deren 6 x 9 Zentimetern Negativgröße. Die analoge Fotografie garantiert zudem echte Farben und ungekünstelte Stimmungen. Island braucht keine Bildbearbeitung.

Wie nah kommt man Menschen mit der Kamera? Wie tief kann man in sie hineinsehen mit einem Objektiv? Edgar Herbst, in seinem Fotografenleben vorzugsweise nachts und in der Großstadt unterwegs, dringt mit seinen Schwarz-Weiß-Bildern tief ein in Momente und hält sie fest. Bauern, Fischer, Werftarbeiter, Feste, Hochzeiten, Besäufnisse, Konzerte. Immer scheint Herbst sich gleichsam in den Momenten selbst aufzugeben und sich fallen zu lassen, hinein in das Gesehene und das Gefühlte.

Beide Fotografen reisten mehr als sechs Monate durch Island: Ollertz mit Allradwagen und in wackligen Booten, um im richtigen Augenblick die Eisberge vor der Aurora borealis, dem Nordlicht, festzuhalten; Herbst im Wohnmobil von Hochzeit zu Musikfest, von der Disko zum einsamen Fischer. Immer auf der Suche.

Die vermeintliche Einöde, in der kaum Bäume und Sträucher existieren, ist in Wahrheit ein Kaleidoskop an Farben und Formen.

Nikolaus Gelpke

HEIKE OLLERTZ

EDGAR HERBST

DIE SCHÖNE UNBERECHENBARE

Es muss ein Widerspruch bleiben, ein Land, das sich stetig bewegt und verwandelt, in Worte zu fassen. Ein Land, das kracht und faucht, brodelt und dampft, das zerfließt und erstarrt, dessen Erdboden in Stücke zerreißt. Ein Land, das morgen schon ganz anders aussehen könnte als heute. Nicht weil seine Menschen Pläne zeichnen, Häuser bauen und Straßen. Das tun sie auch. Aber am Ende verändert sich das Land so, wie es will. Und nimmt keine Rücksicht auf Pläne, Häuser und Straßen. Man könnte Islands Geschichte zu jeder Zeit als eine Reihung dramatischer Naturschauspiele erzählen, die für seine stoischen Bewohner offenbar keine Katastrophen sind.

Sie haben dort schon monatelange Lavaströme überstanden, wie beim letzten großen Ausbruch der Hekla, dem aktivsten der etwa 130 tätigen Vulkane des Landes. Im Mittelalter nannte man die Hekla das Tor zur Hölle. Sie haben die Geburt eines neuen Eilands erlebt, das 1963 aus dem Meer auftauchte, begleitet von einer 3000 Meter hohen Rauchsäule. Surtsey ist heute 1,4 Quadratkilometer groß, bewachsen mit Meersenf, Strandhafer, Salzmiere und Austernpflanze, Heimat von Seemöwen, Papageientauchern, Eissturmvögeln und Trottellummen. Sie wissen, wie man 5000 Menschen in sechs Stunden von einer Insel evakuiert, wie auf Heimaey, als dort die Erde kilometerweit aufplatzte. Sie ersetzen regelmäßig Brücken und Teile ihres wichtigsten Verkehrswegs rund um die Insel, der Ringstraße 1, wenn wieder einmal mit großer Gewalt ein Gletschersee überläuft. 2010 legte die Aschewolke des Eyjafjallajökull den europäischen Flugverkehr lahm. Die Kontinentalen hat das mehr aus der Fassung gebracht als die isländischen Bauern, die am Fuß des Vulkans leben.

Einer von ihnen hat ein Jahr später ein kleines Dokumentationszentrum am Straßenrand eröffnet. Man kann dort Filmaufnahmen des Ausbruchs sehen, Lavabrocken kaufen und T-Shirts mit der Aufschrift »We may not have cash, but we've got ash«. Ganz genau, Finanzkrise und drohender Staatsbankrott haben das Land auch noch durchgeschüttelt, im Jahr 2008. Seither ist die Arbeitslosenquote auf acht Prozent gestiegen. Solche Zahlen kannten sie dort vorher nicht.

Gletscher, Vulkane, Lavawüsten und gute 300 000 Menschen auf einer Insel mitten im eiskalten Atlantik. Ganz weit draußen, zwischen Europa und Amerika, die nächsten Nachbarn leben in Grönland, 300 Kilometer entfernt. Es gibt wohl keine besseren Laborbedingungen, um einen eigensinnigen Menschenschlag zu züchten.

Zwischen dem 7. und 9. Jahrhundert segelten die ersten Mutigen übers Meer, um sich dort anzusiedeln. Allen Wikingermythen zum Trotz, die manch kerniger Isländer gerne pflegt, kam der Großteil nicht aus Norwegen, sondern aus dem keltischen Raum, von den Orkneys, den Shetlands und den Hebriden. Ein Norweger allerdings, Flóki Vilgerðarson, soll dem »Eisland« seinen Namen gegeben haben, obwohl es damals mancherorts weniger kahl und kalt aussah als heute. Ein Drittel des Landes war früher von Birken bewachsen. Und auch sonst waren die Lebensbedingungen besser, als sie aus einer gegenwärtigen, zentral beheizten mitteleuropäischen Perspektive betrachtet erscheinen mögen. Das Land war unbewohnt, es musste nicht mühsam erobert werden, und es lieferte ausreichend zu essen: Vögel, Robben, Fisch.

Letzteren gab es immer reichlich, die Fischereiindustrie hat den Wohlstand des Landes begründet. Nach dem Zweiten Weltkrieg, als Europa am Boden lag und Nahrungsmittel knapp waren, begann Island seinen wirtschaftlichen Aufstieg, unterstützt von den Vereinigten Staaten, deren militärischen Schutz das Land genoss und von deren technischem Wissen und Gerätschaften die Fischernation profitierte. Die reichen Ressourcen aus dem Meer und die isolierte Insellage sind Unterpfand jenes unabhängigen Geistes, der Island und die Isländer mit einiger Gelassenheit durch naturgewaltiges Chaos und jede Krise trägt.

Die unberechenbare Welt, die sie umgibt, hat die Isländer Gleichmut gelehrt, aber auch die haltlose Liebe zum Augenblick. Wer von klein auf erlebt, wie ein sonnig strahlender Himmel binnen Sekunden im Schneesturm verschwindet, wer das atemberaubende Tempo aufziehender Nebelwände kennt und die Leichtigkeit, mit der ein Gletscherfluss Autos mitsamt Straße wegschwemmt, der feiert ekstatisch Feste, wie sie fallen, und nimmt ansonsten Zuflucht zu einem isländischen Sprichwort: *Þetta reddast*, es rettet sich schon. Und wirkt dabei weder hilflos ergeben noch hysterisch aufgeladen.

In Island ist eine Nation ganz bei sich und zu Hause, die für sich beanspruchen kann, das älteste Parlament der Welt zu besitzen. Im Jahr 930 wurde ausgerechnet dort, wo die eurasische und die nordamerikanische Kontinentalplatte auseinanderdriften, im heutigen Nationalpark Þingvellir, erstmals eine gesetzgebende Versammlung, das *Alþingi*, abgehalten. Alle volljährigen Männer waren stimmberechtigt und kamen jährlich zur Sommersonnenwende zusammen, um Rechtsstreitigkeiten zu klären und Dekrete zu erlassen. Im Jahr 1000 beschloss das *Alþingi* den Beitritt zum Christentum.

Und es waren christliche Gelehrte, die im 12. und 13. Jahrhundert die Sagas verfassten, mittelalterliche Literaturschätze, bis heute erhalten, die in Umfang, Vollständigkeit und Kunstfertigkeit europaweit einzigartig sind. Niedergeschrieben in Altisländisch, einer Sprache, die dem heutigen Idiom der Insel noch so ähnlich ist, dass die Isländer ihre Nationalepen im Original lesen können und mit großer Zuneigung als Allgemeinbildung pflegen.

Als 1971 die ersten isländischen Handschriften aus Norwegen in ihr Heimatland zurückkamen, wurde die Ankunft im Fernsehen übertragen und die Bürger von Reykjavík versammelten sich im Hafen. Literatur ist in Island bis heute ein identitätsstiftendes Kulturgut, nicht nur weil das kleine Volk voller Stolz mit Halldór Laxness (1902–1998) einen Nobelpreisträger in seinen Reihen führt, der das Land und seine Eigenheiten in wortmächtigen Epen verewigte. Auch in der zeitgenössischen Dichtkunst schwingt das Märchenhafte der alten Geschichten oft noch mit.

Die Sagengestalten und Mythen, die hinter fast jedem vom Nebel umwaberten Felsen lauern, sind den Isländern so vertraut wie ihre Mitbürger. Bei 300 000 Menschen auf einer Insel kennt über ein paar Ecken jeder jeden, ist am Ende obendrein entfernt verwandt, was sich mittels des *Íslendingabók* herausfinden lässt, der weltweit umfangreichsten Datensammlung eines Volkes, zu der jeder, der in Island gemeldet ist, freien Zugang hat. Man nennt sich beim Vornamen, entsprechend sind auch die Telefonbücher sortiert.

Es ist eine selten egalitäre Gesellschaft, die eine wunderbar statusfreie Diskussionskultur pflegt. Alltag und Politik, Wetterwechsel und Stimmungsschwankungen werden in der warmen Wanne besprochen. Man trifft sich im öffentlichen *hot pot* wie andernorts am Wirtshausstammtisch, mit dem sympathischen Unterschied, dass sich in Island nicht nur einander wohl bekannte Stammgäste austauschen, sondern jeder mit jedem. Und weil alle nur ihre Badekleidung tragen, ist es dabei völlig unerheblich, wer was ist und wer was hat. Das könnte die heilsame Quelle der isländischen Grundentspanntheit sein.

Im Krisenjahr 2008 ist das geruhsame Gleichgewicht des Volkes aus der Balance geraten; als die Menschen in Reykjavík damals auf die Straße gingen, um ihre Wut über die gierige Misswirtschaft der Banker herauszuschreien, flogen auch Steine auf die Staatsgewalt. Aber nur einmal. Am darauffolgenden Tag stellten sich Demonstranten vor die Polizisten, um sie zu schützen. Es hätte ja ein Uniformierter dabei sein können, mit dem man früher die Schulbank drückte oder gestern noch friedlich zusammen im *hot pot* saß.

Wegen dieser Nähe wohl gibt es keine institutionalisierten Feindbilder unter den Isländern. Und es fehlt ihnen außerdem auch der Hang zur Tragik. Einige mussten auswandern im Zuge der Krise, weil zu Hause Arbeitsplatz und Perspektive verloren gingen, aber sie tun es ohne Groll auf ihre Herkunft, halten Island nach wie vor für das beste Land der Welt und werden baldmöglichst zurückkehren, mit ungebrochener Heimatliebe.

Die, die dablieben, besannen sich auf ihre inhärenten Stärken. Sie sind näher zusammengerückt, sie haben den beliebtesten Komiker des Landes zum Bürgermeister von Reykjavík gewählt, und die Schaffenskraft nährt sich wieder von der inspirierenden Umgebung und nicht von Sponsoren und der Sucht nach der großen, weiten Welt.

Was könnten sie auch anderes sein als ganz natürlich selbstzufrieden und aufrecht vernarrt in ihr wildes, schönes Land? Denn was immer sich auch ändert, formt oder neu entsteht auf der Insel, es bleiben die Farben. Das tiefe Blau der See, das harte Weiß von Schnee und Eis, das feurige Rot der Lava sind in der Flagge von Island vereint. Deren Palette ist nicht vollständig, es fehlen das metallisch glänzende Schwarz von Asche und erstarrtem Gestein, das strotzende Grün der Wiesen im Sommer, die samtigen Schattierungen der Moose, die die Gischt der Wasserfälle trinken. Es fehlen der Himmel, die gläserne Luft und die Farben der Regenbogen. Es fehlt das überirdische Spektrum der Nordlichter und das zarte Rosé der Tage, die nie zu Ende gehen.

Man kann irre werden an dieser Landschaft, die sich nicht begreifen lässt, kann verzweifeln an der Ödnis der Gesteinswüsten und überschnappen vor Glück, wenn das Nichts im richtigen Licht erscheint. Und vielleicht noch ein paar Pferde oder Schafe dazu. Zwischen Unglauben und Verzückung kommt man den Wundern der Welt in Island so nahe wie an kaum einem anderen Ort der Welt. Wird als Mensch ganz klein vor den heißen Fontänen, die der Geysir Strokkur über 30 Meter hoch gen Himmel speit. Fühlt im schönsten Sonnenschein die frostige Macht der eisigen Zungen des Vatnajökull, größter Gletscher Europas, der ein Zwölftel der Fläche des Landes bedeckt. Lernt, was Ferne bedeutet, im unbewohnten Hochland auf einsamen Straßen, die nur drei Monate im Jahr zu befahren sind. Wird das Meer neu erleben, an menschenleeren, schwarzen Stränden, getrieben von schneidenden Böen. Mehr als 100 Wörter gibt es in der isländischen Sprache für »Wind«, ein einziges nur für »windstill«.

Und wer nicht aufpasst, dem verdreht die Landschaft so sehr den Kopf, dass kein Fluss zu tief und kein Schneebrett zu groß erscheinen, um sie mit einem Jeep zu überqueren. Wer sich mit Islands Natur messen möchte, steckt ganz schnell fest und in Lebensgefahr. Das passiert nicht nur Touristen, sondern auch Einheimischen. Über ein Drittel der Bevölkerung lebt im Großraum der Hauptstadt Reykjavík, der Minimetropole, die sich so kosmopolitisch und partysüchtig gibt, als sei sie der Nabel der Trendwelt. In Reykjavík beheizen sie im Winter die Bürgersteige und im Sommer das Meer mit der unerschöpflichen Thermalwärme, die unter ihren Füßen brodelt.

Das hört sich für Nichteingeweihte ebenso absurd an wie der Umstand, dass die ehrenamtlichen Rettungskräfte Islands, die zu den besten der Welt gehören, ihre Vereinskassen vorwiegend mit dem Verkauf von Silvesterraketen füllen. Die Bewohner des Landes, das auf dem Vulkan tanzt, lieben Feuerwerke über alles. Oder mindestens ebenso innig wie Hot Dogs, ihr Wahlnationalgericht. Am besten schmecken sie, so sagen die Isländer, gegrillt auf den noch warmen Lavakrusten des Eyjafjallajökull.

Martina Wimmer

VE 122
HAFURSEY

FRENCH ICELANDIC PROJECT
PRESERVATION OF THE HOSPITAL
1996

VÖRRINN

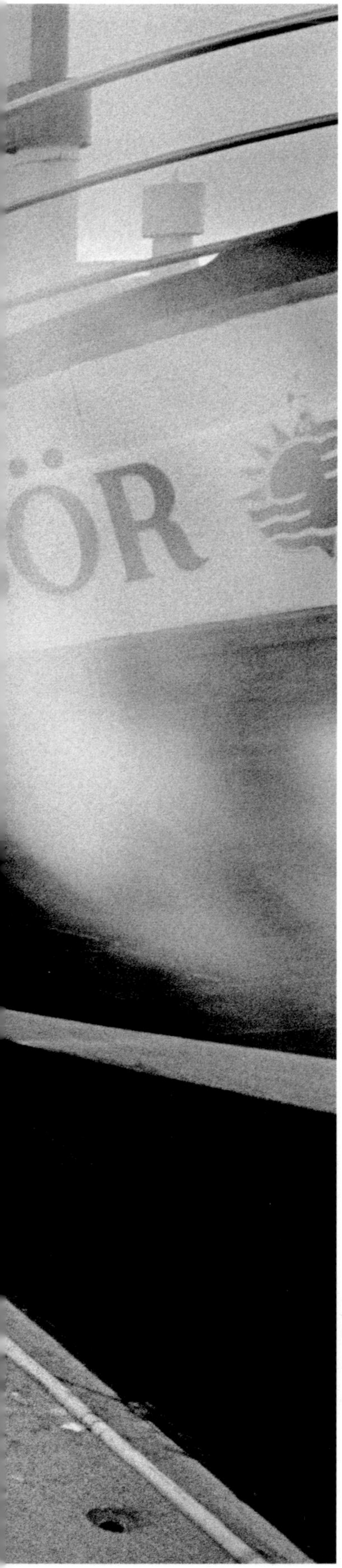
ÖR

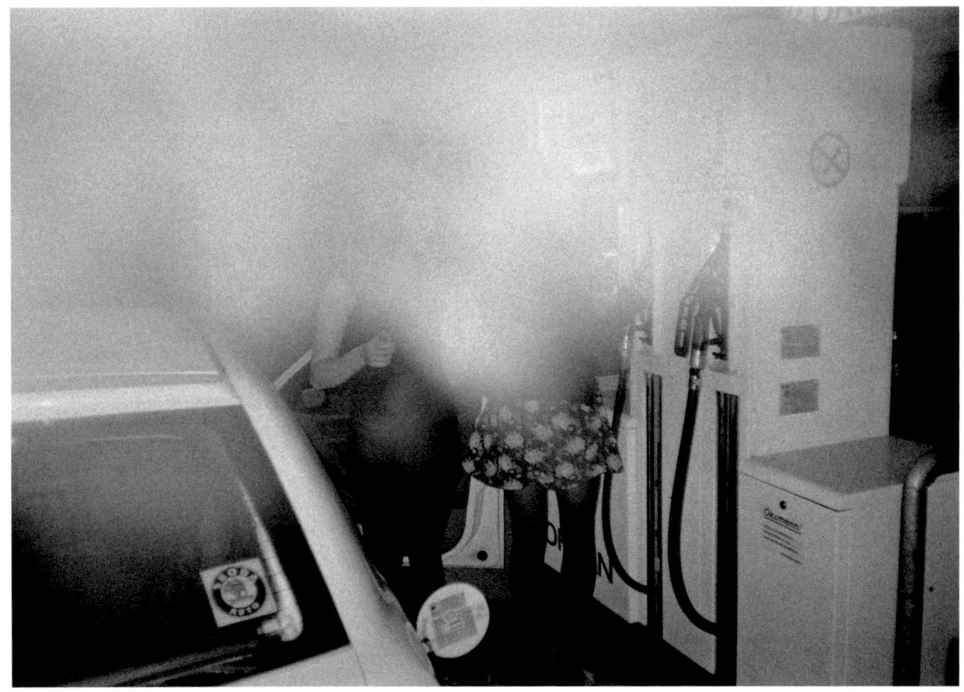

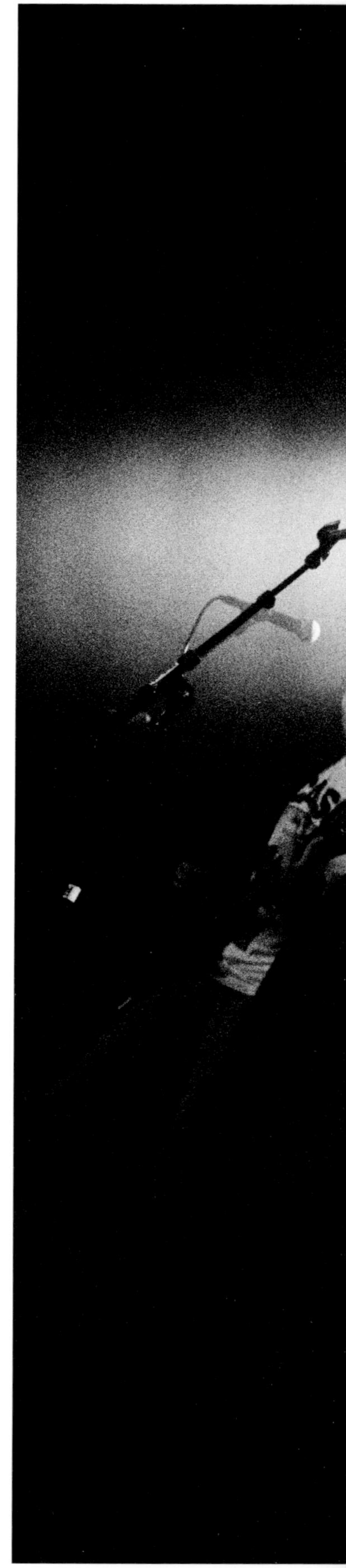

adidas

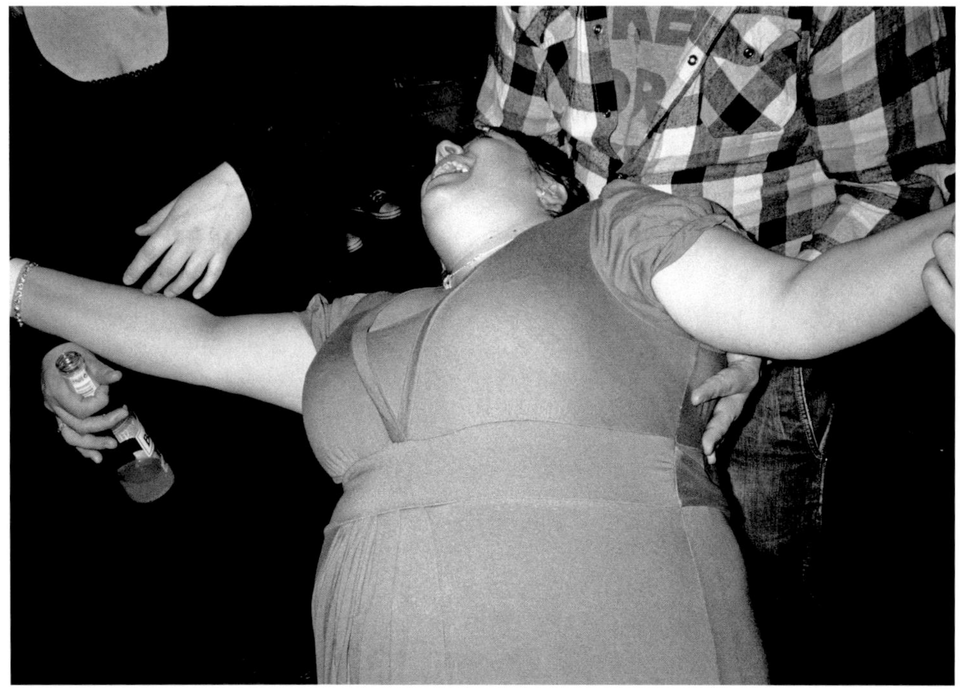

MEISTARINN
Coca-Cola
PYLSUR
RUSL
577 57 57

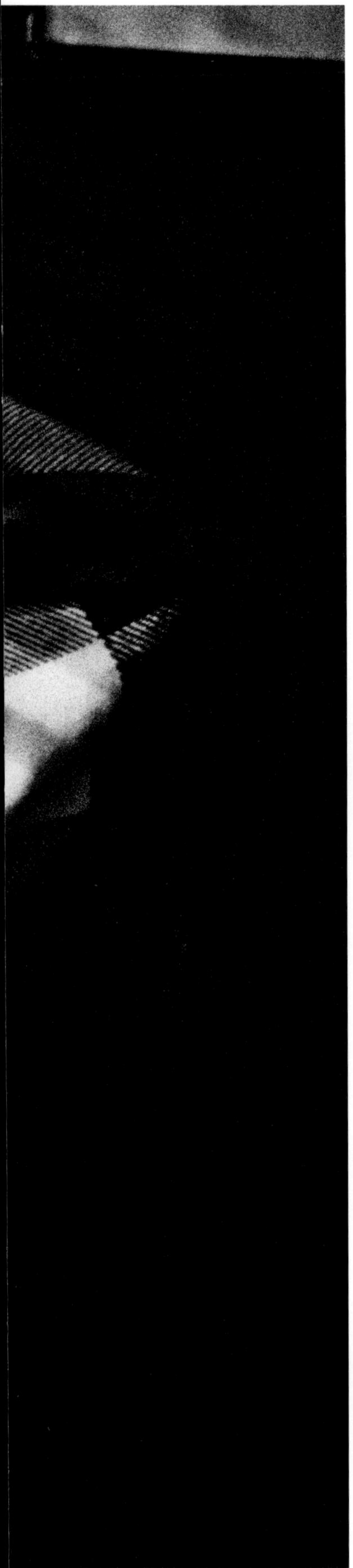

HERE

errea

BÆJARINS
BEZTU

Coca-Cola
I love
my sister

Iceland

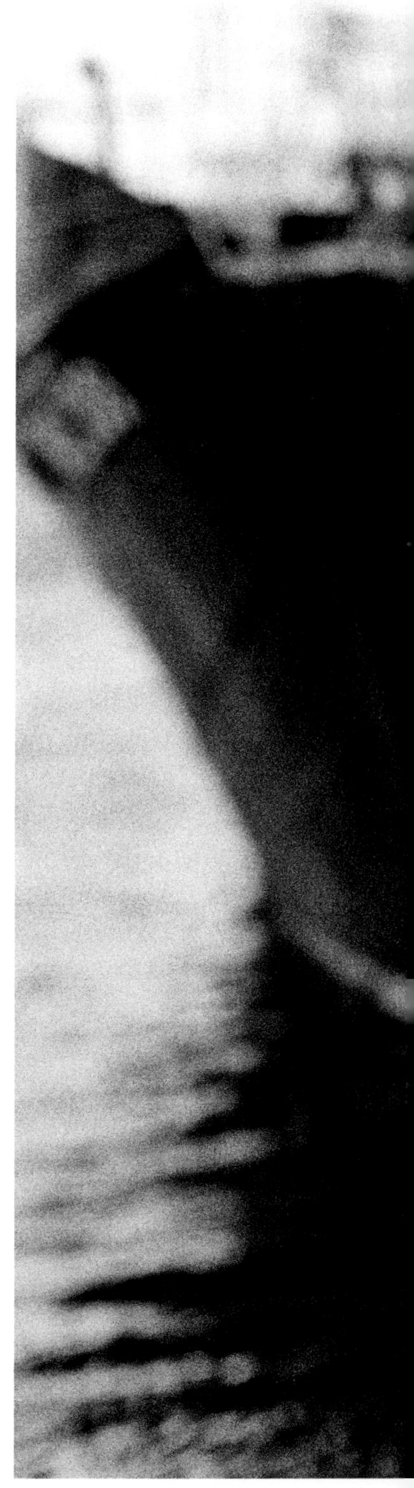

HEIKE OLLERTZ

1967 in Duisburg geboren, wuchs in Hamburg auf. Ihre Ausbildung zur Fotografin absolvierte sie am Berliner Lette-Verein. Im Anschluss studierte sie Visuelle Kommunikation an der Hochschule der Künste in Berlin, wo sie 2002 zur Meisterschülerin ernannt wurde. Als **mare**-Fotografin der ersten Stunde ist sie dem Meer und seinen Küsten in ihrem fotografischen Werk tief verbunden. Heike Ollertz lebt in Hamburg und Berlin und bereist für zahlreiche Magazine und Buchverlage die Welt. Ihre Arbeiten wurden bereits mehrfach ausgestellt. Für diesen Bildband reiste sie viermal nach Island.

»Ich kannte Island nur von Fotos und bin übermütig davon ausgegangen, dass es ein Leichtes sein würde, dieses einzigartige Licht und die skurrilen Mondlandschaften in Bilder zu verwandeln. Ich dachte tatsächlich: Wer es hier nicht kann, kann es einfach gar nicht. Gleich in der ersten Woche allerdings hat es Edgar und mich im Auto aus einer eisigen Kurve getragen, und im Sturm bekam ich die Beine meines Stativs kaum auseinandergeklappt.

So habe ich in Island schnell vor allem zwei Dinge gelernt: Respekt vor den Naturgewalten und wie ich meine Alpa mithilfe meines Körpergewichts und eines Gummizugs am Stativ und selbiges am Boden fixieren kann.

Island zu erleben hat mich den Ursprung der Welt erahnen lassen, dabei hat sich mir der schwefelige Geruch der Vulkaninsel genauso nachhaltig eingeprägt wie die Erkenntnis, dass schlechtes Wetter gute Bilder macht.«

EDGAR HERBST

1961 in Bad Lauterberg im Harz geboren. Widmete seine Fotografie über Jahre leidenschaftlich dem scheinbar glamourösen Exzess prominenten Geschehens, beauftragt von Magazinen wie »Stern«, »Gala«, »Bunte«, »Spiegel« oder »Dummy«.

»Das entstehende Bild ist für mich der Spiegel der eigenen Sehnsucht, die visuelle Beziehung zwischen Betrachter und Betrachtetem ein kurioses Geflecht von gegenseitiger Projektion und wortloser Anerkennung in Nähe und Vertrauen eines Moments.

Der wirklichen Herausforderung, den in der Weite Islands seltenen Menschen zu erleben, begegnete ich in drei Etappen. Die erste im tiefen, eisigen Winter, um das besondere Land im Polarmeer kennenzulernen und ersten Kontakt zu den Inselbewohnern aufzunehmen. Die zweite in den wenigen Monaten isländischen Sommers, in dem die Menschen vor Lebensenergie zu explodieren scheinen, um mit ihnen in einer surreal anmutenden Zeitlosigkeit zu verweilen und eine Reise ohne Suchen zuzulassen. Auf der dritten und letzten Reise sah ich das aus Kälte und Eis aufbrechende Frühjahr, die Menschen aus ihrer winterlichen Dunkelheit kommend, das Licht begrüßend, um mich zu verabschieden und für das wahrhaftige Abenteuer zu bedanken.

Ich begegnete Menschen mit fantastischen Eigenarten, von unbestechlichem Wesen und Charakter, die im Einklang mit von Rauheit, Schönheit und Mystik umwandelter Natur leben, auf einem Landstrich unserer Erde, von besonderen Energien der Elemente Wasser, Feuer, Luft und Erde in Stille und Lautheit befeuert.«

APPENDIX

Seite 8 und 9
63° 24' 13" N, 19° 6' 11" W
115 Meter hoch ragt das Kap Dyrhólaey an der Südküste Islands über das Meer. Die Halbinsel ist ein beliebter Nistplatz für Seeschwalben und Papageientaucher.

Seite 10 und 11
Örlygur Kristfinnson ist leidenschaftlicher Leiter des Heringsmuseums von Siglufjörður. Der Ort im Norden der Insel war bis in die 1960er Jahre das Zentrum des Heringsfangs.

Seite 16 und 17
64° 45' 56" N, 23° 37' 21" W
Stille Schönheit im mitternächtlichen Sommerlicht: Gatklettur, ein Steinbogen bei Arnarstapi auf der Halbinsel Snæfellsnes im Westen Islands.

Seite 18 und 19
64° 13' 16" N, 21° 20' 55" W
Einsames Farmhaus an der Straße 48, nahe des Nationalparks Þingvellir. Auf einem Quadratkilometer leben in Island im Schnitt 3,1 Menschen.

Seite 20 und 21
64° 9' 18" N, 21° 56' 33" W
Ein Cadillac Coupe De Ville im Hafen von Reykjavík. Versatzstücke amerikanischer Lebensart finden sich in Island viele. Von 1942 bis 2006 war die US-Armee dort stationiert.

Seite 22 und 23
63° 25' 37" N, 20° 16' 20" W
Links: Abenddämmerung auf der Insel Heimaey vor der Südküste. Sie ist die größte der Westmännerinseln und als einzige ständig bewohnt.
Rechts: Trawler auf dem Trockendock im Hafen von Heimaey.

Seite 24 und 25
Links: 64° 9' 6" N, 21° 56' 33" W
Reykjavíks alter Hafen. Im Hintergrund die neue Philharmonie.
Rechts: 64° 55' 43" N, 14° 0' 31" W
Ehemaliges Krankenhaus für französische Fischer auf Islandfahrt in Fáskrúðsfjörður in den Ostfjorden.

Seite 26 und 27
63° 52' 43" N, 22° 26' 17" W
Das Geothermalkraftwerk Svartsengi auf der Halbinsel Reykjanes. Seine warmen und schwefelhaltigen Abwässer speisen eine beliebte Touristenattraktion, das Thermalbad Blaue Lagune.

Seite 28 und 29
66°3'3"N, 21°32'55"W
Die Hafeneinfahrt von Norðurfjörður in den Westfjorden. Die zerklüftete Halbinsel im äußersten Nordwesten Islands ist auf dem Landweg im Winter oft schwer zu erreichen. Die meisten Straßen sind Schotterpisten.

Seite 30 und 31
64°10'43"N, 15°50'53"W
Auf der Ringstraße 1 in Richtung Süden, im Hintergrund der Gletscher Vatnajökull. Die Straße folgt dem Küstenverlauf, schneidet aber die Halbinseln ab. Sie wurde erst 1974 fertiggestellt.

Seite 32 und 33
Sigríður Klingenberg ist eine der berühmtesten Hexen von Island, mit einer großen Leidenschaft für Hüte, die sie vorzugsweise bei ihren zahlreichen Fernsehauftritten trägt. Das Bild entstand an ihrem Lieblingsstrand in Bessastaðir bei Reykjavík.

Seite 34 und 35
Zwei Geschäftsmänner im Hafen von Húsavík, ein eher seltener Anblick. Der Ort im Norden Islands ist der beliebteste Ausgangspunkt für Walbeobachtungstouren. Zu den Abfahrtszeiten der Ausflugsboote wimmelt es dort von Touristen.

Seite 36 und 37
In der kurzen Sommerzeit feiern die Isländer quer durch alle Generationen ekstatisch das Licht. *Links:* Besucher eines Sommerfests in Grundarfjörður. *Rechts:* Agla Egils, Nachtschwärmerin mit vulkanischem Lachen im Club »Prikið« in Reykjavík.

Seite 38 und 39
Eine herzliche Begegnung in Ísafjörður. Im Winter legen sich die Schatten der Berge lang über den Hauptort der Westfjorde. Die langen Tage werden hier besonders ausgelassen begrüßt.

Seite 40 und 41
Links: Heavy-Metal-Euphorie in Ísafjörður und nebulöse Einsamkeit auf einem Bergpass in den Westfjorden.
Rechts: Sommer in der Hauptstadt. Am Strand von Reykjavík wird der Atlantik auf Badetemperatur geheizt.

Seite 42 und 43
Auf der Dachterrasse des Clubs »Prikið« treffen sich in milden Nächten Literaten, Fotografen, Filmemacher und Models in gleißendem Scheinwerferlicht.

Seite 44 und 45
Links: Úlfar Eyjólfsson ist Bauer in Fell, einer winzigen Ortschaft im entlegenen Norden, und nebenbei Bewacher eines öffentlichen Pools am Ende der Welt.
Rechts: Rettungsmänner im Einsatz am Bergpass Steingrímsfjarðarheiði.

Seite 46 und 47
Leben in der Abgeschiedenheit des hohen Nordens. Netzmacher Jón Sveinsson in seiner Werkstatt in Skagaströnd an der Küste Nordislands.

Seite 48 und 49
Links: Ólafur V. Sigurðsson ist Kapitän der Küstenwache a. D. In seiner Wohnung hängen große Gemälde, sie zeigen alle das Meer.
Rechts: Jón Gunnlaugs, Seemann auf einem Frachtschiff im Hafen von Ísafjörður.

Seite 50 und 51
65° 45' 45" N, 23° 12' 49" W
Straße an der Küste des Borgarfjörður, einer der unzähligen Einbuchtungen der zerklüfteten Westfjorde, die Autofahrten dort schier endlos erscheinen lassen.

Seite 52 und 53
65° 40' 59" N, 17° 33' 4" W
Goðafoss, der Götterfall. Einer Sage nach soll der Gode Þorgeir nach der Übernahme des Christentums seine heidnischen Statuen in dessen Fluten versenkt haben.

Seite 54 und 55
63° 25' 37" N, 20° 16' 20" W
Ein Hundefriedhof am Fuß des Berges Eldfell auf der Westmännerinsel Heimaey. Im Hintergrund der Eyjafjallajökull.

Seite 56 und 57
65° 38' 28" N, 16° 48' 32" W
Das Solfatarenfeld Hverarönd in der Region Mývatn ist eines der beeindruckendsten Hochtemperaturgebiete Islands auf der Ostseite des Berges Námafjall, einem aktiven Krater des Vulkansystems Krafla.

Seite 58 und 59
64° 6' 48" N, 21° 17' 49" W
Wie eine langsam verheilende Wunde: eine überwachsene Erdspalte in Dyradalur, östlich von Reykjavík, wo sich die tektonischen Platten jährlich um zwei Zentimeter voneinander entfernen.

Seite 60 und 61
64°8'21"N 21°55'9"W
Die Altstadt von Reykjavík, kulturelles Zentrum und Partymeile der Stadt. Die Isländer feiern hier ihre Wochenenden, fast zwei Drittel der Gesamtbevölkerung leben im Großraum der Metropole.

Seite 62 und 63
66° 0' 55" N, 21° 24' 37" W
Die Wetterstation Litla-Ávík nördlich von Reykjafjörður in den Westfjorden. Das Wetter in Island ist vom Verlauf atmosphärischer Tiefs über den Nordatlantik abhängig und daher extrem unberechenbar.

Seite 64 und 65
63° 59' 59" N, 16° 54' 52" W
Nur wenige Tage im Oktober erblüht das Moos im Skaftafell-Nationalpark am Fuß des Vatnajökull. Das Eis des größten Gletschers Europas ist an manchen Stellen 1000 Meter dick.

Seite 66 und 67
63° 53' 43" N, 22° 3' 27" W
Links: Geothermalfeld von Krýsuvík auf der Reykjanes-Halbinsel.
63° 31' 54" N, 19° 30' 41" W
Rechts: Der Wasserfall Skógafoss an der Südküste. Einer Sage zufolge liegt hinter ihm ein Schatz vergraben.

Seite 68 und 69
64° 42' 14" N, 14° 8' 0" W
Ein Küstenstrich in den Ostfjorden. Wie die Westfjorde ist auch der äußerste Osten Islands geologisch alt und entfernt von den vulkanisch aktiven Zonen der Insel.

Seite 70 und 71
Aðalsteinn Valur Grétarsson und Þorgrímur Kolbeinsson, beide leidenschaftliche Biker und Musiker, vor dem Berg Kirkjufell auf der Halbinsel Snæfellsnes.

Seite 72 und 73
Freizeit in Island zwischen Tag und Traum. *Von links nach rechts:* im Naturbad von Mývatn, nachts in Reykjavík, auf den Westmännerinseln beim legendären Sommerfestival »Þjóðhátíð«, Treffpunkt Tankstelle in Húsavík.

Seite 74 und 75
Die isländische Band Klysja auf dem Festival »Aldrei fór ég suður«, das jährlich in Ísafjörður stattfindet. Der Name bedeutet »Ich fuhr nie nach Süden«, eine augenzwinkernde Absage an den Kulturzentralismus der Hauptstadt Reykjavík.

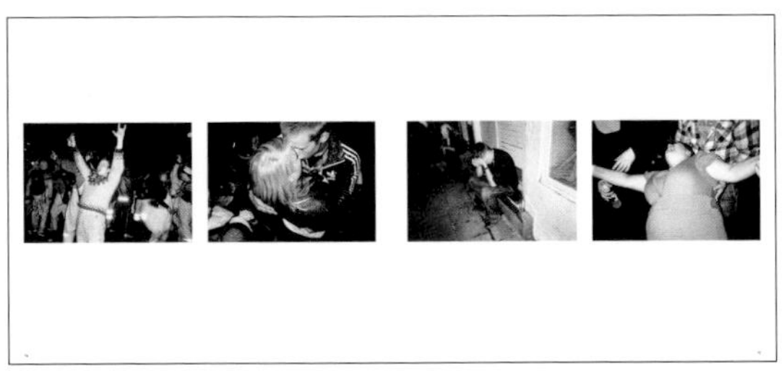

Seite 76 und 77
Isländische Partynächte: auf den Westmännerinseln während des Festivals »Þjóðhátíð«, das jährlich bis zu 20 000 Besucher anzieht, und, *ganz rechts*, Tanz im Ballsaal des Restaurants »Edinborg« in Ísafjorður zu den Klängen einer Country-Band.

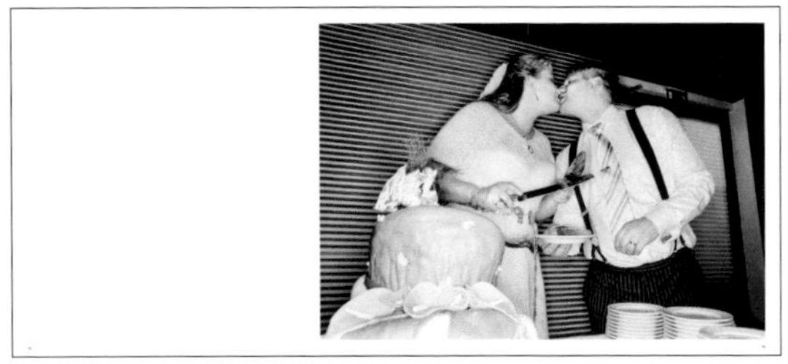

Seite 78 und 79
Karoline und Heimar feiern eine heidnische Hochzeit im futuristischen Restaurant »Perlan« auf dem Hügel Öskjuhlíð bei Reykjavík. Draußen scheint die Mitternachtssonne, der Raum ist deswegen verdunkelt.

Seite 80 und 81
Hrefna Kristjánsdóttir und Einar Ólafur Karlsson auf dem Campingplatz des Festivals »Þjóðhátíð«. Sie reisen jedes Jahr mit ihrem Schlafmobil zum Feiern auf die Westmännerinseln.

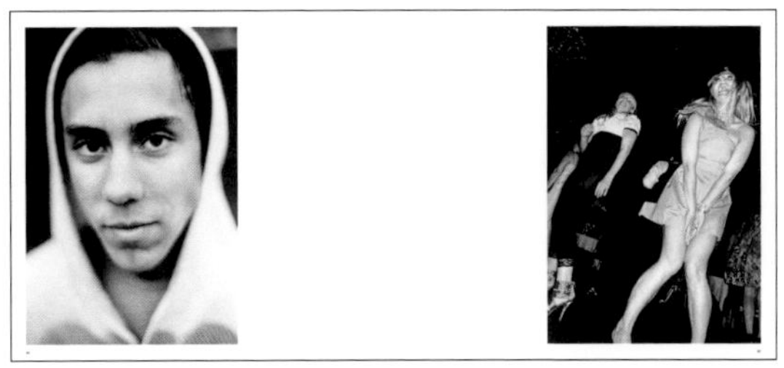

Seite 82 und 83
Links: Ísak Emanúel Róbertsson, Schlagzeuger der Band Klysja aus Ísafjörður.
Rechts: Gäste einer Hochzeitsfeier in Reykjavík zu vorgerückter Stunde.

Seite 84 und 85
Überlebenswichtiges Element jeder isländischen Partynacht: der Hot-Dog-Stand, hier in Grundarfjörður während des Sommerfestivals.

Seite 86 und 87
Von links nach rechts: in der Blauen Lagune bei Schneesturm; Ásbjörn Þorgilsson, Inhaber des Hotels »Djúpavík« in den Westfjorden; Steinn Þórðarsson, Tankstellenbesitzer und einziger Bewohner des Ortes Innri-Múli; im Café »Haiti« in Reykjavík.

Seite 88 und 89
Die große Feier des Wochenendes ist vorbei: Rob Royce, Graffitikünstler aus Reykjavík, im Club »Prikið« an einem Sonntagabend.

Seite 90 und 91
63°25'37" N, 20°16'20" W
Ein Lavafeld auf der Westmännerinsel Heimaey. Durch die gewaltige Eruption im Jahr 1973 vergrößerte sich die Fläche des Eilands um etwa 2,5 Quadratkilometer.

Seite 92 und 93
Links: 64°47'29" N, 14°0'34" W
Das Dach einer stillgelegten Fischfabrik in Stöðvarfjörður, Ostfjorde.
Rechts: 65°22'31" N, 22°55'3" W.
Auf Flatey, Insel der Dichter und Künstler in den Westfjorden. Hier steht die erste Bibliothek Islands.

Seite 94 und 95
63°52'59" N, 22°26'54" W
Die Blaue Lagune, berühmtestes Thermalfreibad Islands. 5000 Quadratmeter Fläche, Temperatur 37 bis 39 Grad. Das Wasser enthält Mineralsalze, Kieselerde und Algen und hat nachgewiesene Heilkräfte.

Seite 96 und 97
64°9'36" N, 21°56'46" W
Tanklager im Hafen von Reykjavík. Die erste Hafenanlage wurde in der Hauptstadt zwischen 1913 und 1915 gebaut. Island ist ein wichtiger Stützpunkt der Schifffahrt im nördlichen Atlantik.

Seite 98 und 99
65°20'4" N, 15°4'41" W
Ein Orkan treibt den losen Schnee im Norden der Insel vor sich her. Windgeschwindigkeiten von mehr als 100 Kilometern in der Stunde sind in Island keine Seltenheit, in Böen wurden schon bis zu 250 gemessen.

Seite 100 und 101
Links: 65°43'8" N, 16°45'2" W.
Der Krater Viti in der Region Mývatn im Nordosten.
Rechts: 65°40'59" N, 17°33'4" W
Der Goðafoss. Über eine Breite von 30 Metern stürzt das Wasser des Skjálfanda hier hinab.

Seite 102 und 103
Links: 64°07'35" N, 21°46'02" W
Wassertanks in Grafarholt, einem Vorort Reykjavíks.
Rechts: Nach einem Schneesturm. Die schnellen, unerwarteten Wetterwechsel sind für Reisende in Island die größte Gefahr.

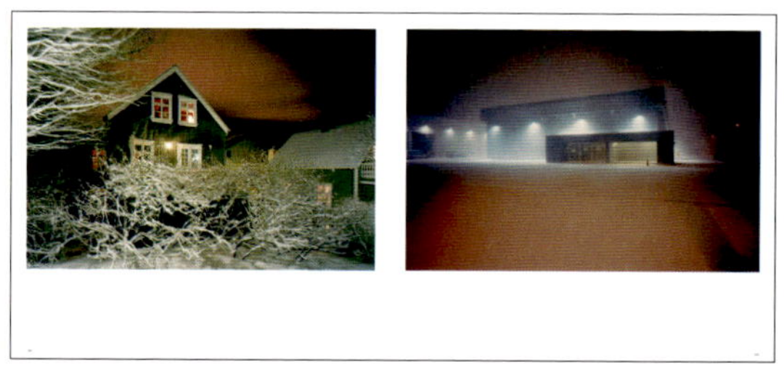

Seite 104 und 105
Links: 64°8'52" N, 21°56'35" W
Gegen Wind und Wetter mit Metall verkleidete Häuser in der Altstadt von Reykjavík.
Rechts: 64°9'19" N, 21°56'52" W
Eine Lagerhalle im Hafengelände der Hauptstadt.

Seite 106 und 107
64°2'47" N, 16°11'23" W
Die Gletscherlagune Jökulsárlón in einer klaren Vollmondnacht. Die Eisberge lösen sich von einer Gletscherzunge des Vatnajökull ab. Sie sind bis zu 15 Meter hoch.

Seite 108 und 109
63° 52' 43" N, 22° 26' 17" W
Das geothermische Kraftwerk Svartsengi auf der Halbinsel Reykjanes. Gut ein Viertel des Energiebedarfs Islands wird mit Erdwärme gedeckt, und 87 Prozent aller Gebäude werden damit beheizt.

Seite 110 und 111
64° 2' 45" N, 16° 11' 5" W
Aurora borealis, das Nordlicht, über der Gletscherlagune Jökulsárlón. Die Wikinger sahen Polarlichter als Zeichen dafür, dass irgendwo auf der Welt eine große Schlacht geschlagen worden war.

Seite 112 und 113
Auf der Eröffnungsfeier des Icelandair-Hotels »Reykjavík Marina«, links der Food-and-beverage-Manager des Hotels, Ólafur Örn Ólafsson. Nach der Finanzkrise 2008 war es vor allem der Tourismus, der wieder für wirtschaftlichen Aufschwung sorgte.

Seite 114 und 115
Siegtreffer in der 93. Minute auf dem Grün von Grundarfjörður. Fußball ist der beliebteste Sport im Land, 20 000 Isländer sind in Vereinen organisiert. In jedem noch so kleinen Dorf gibt es einen Bolzplatz.

Seite 116 und 117
Hochsommer in Reykjavík. Auch wenn das Atlantikwasser am Strandbad Nauthólsvík beheizt wird – gegen die Beliebtheit des *hot pot* kommt der Ozean nicht an.

Seite 118 und 119
Links: »Bæjarins Beztu Pylsur« ist Reykjavíks beliebteste Hot-Dog-Bude. Übersetzt heißt der Name unumwunden »Der beste Hot Dog der Stadt«. *Rechts:* Sigurgeir Helgi Guðmundsson aus Drangsnes, ehemaliger Kapitän eines Fischerboots.

Seite 120 und 121
Heidnische Hochzeitszeremonie auf dem Hügel Öskjuhlíð bei Reykjavík. Die Vermählung findet im Freien statt, um den Göttern und Geistern näher zu sein.

Seite 122 und 123
Die Schwestern Ragnhildur und Brynhildur Guðmundsdóttir in ihrem Kindergarten auf der Insel Grímsey, die 40 Kilometer nördlich von Island direkt auf dem Polarkreis liegt. Grímsey hat 86 Einwohner.

Seite 124 und 125
Pétur Guðjónsson und seine Frau Bertha in ihrer Wohnung in Reykjavík. Wenn Freunde zum Essen kommen, dann kocht Bertha Lammbraten und Pétur gibt zu später Stunde gerne ein Konzert auf seiner E-Gitarre.

Seite 126 und 127
Großstadtbohème und bodenständiges Vergnügen. *Jeweils links:* Nachtschatten aus dem Club »Prikið« in Reykjavík, *jeweils rechts:* gegen den Regen anfeiernde Festivalbesucher auf den Westmännerinseln.

Seite 128 und 129
Sæmundur Halldórsson, Werftarbeiter im Hafen von Reykjavík, im Hintergrund Walfangboote. Walfleisch steht in Island auf der Speisekarte und wird außerdem nach Japan exportiert.

Seite 130 und 131
64° 2' 52" N, 16° 10' 52" W
Die Gletscherlagune Jökulsárlón. Bis 1934 war die gesamte Fläche des Sees noch mit einer dicken Eisschicht bedeckt, dann begann der Gletscher abzuschmelzen. Jährlich brechen über 100 Meter von der Gletscherzunge ab.

Seite 132 und 133
64° 12' 41" N, 21° 19' 23" W
Die Straße 36 zum Nationalpark Þingvellir im Winter. In Island gibt es 13 004 Kilometer Straße, 8673 davon sind nicht asphaltiert.

Seite 134 und 135
Links: 64° 8' 53" N, 21° 56' 38" W
Winter in Reykjavík.
Rechts: 64° 2' 40" N, 16° 10' 18" W
Eisbrocken aus der Gletscherlagune Jökulsárlón schmelzen am schwarzen Strand der Südküste.

Seite 136 und 137
Links: 64° 2' 40" N, 16° 10' 18" W
Ein gestrandeter Eisberg.
Rechts: 64° 18' 48" N, 20° 18' 8" W
Der Geysir Strokkur. Er bricht alle vier bis acht Minuten aus. Die Temperatur des emporgeschleuderten Wassers beträgt um die 120 Grad.

Seite 138 und 139
63° 32' 38" N, 19° 19' 0" W
Blick auf den Berg Pétursey in der weiten Ebene des isländischen Südens, betrachtet von Sólheimajökull, einer Gletscherzunge des Mýrdalsjökull, aus.

Seite 140 und 141
Links: 65° 21' 59" N, 17° 20' 20" W
Der Wasserfall Aldeyjarfoss im nordöstlichen Hochland.
Rechts: 65° 44' 6" N, 23° 10' 15" W
In den Westfjorden zwischen Dynjandisvogur und Arnarfjörður.

Seite 142 und 143
64° 2' 26" N, 22° 2' 47" W
Das Straumur Art Centre bei Hafnarfjörður. Künstler aus aller Welt können sich hier um ein Stipendium bewerben. Sie wohnen dann inmitten eines Lavafelds, Kilometer von der nächsten Bushaltestelle entfernt.

Seite 144 und 145
64° 9' 46" N, 22° 0' 50" W
Die winterliche Küste der Halbinsel Seltjarnarnes bei Reykjavík. Trotz der nördlichen Lage sinken die Temperaturen in Islands Südwesten wegen des Golfstroms selten unter null Grad.

DANKSAGUNG

Heike Ollertz und Edgar Herbst bedanken sich aus tiefstem Fotografenherzen bei Nikolaus Gelpke für das in sie gesetzte Vertrauen und bei der gesamten mare-Crew für die Unterstützung bei der Organisation ihrer zahlreichen Reisen, außerdem bei Art-Direktorin Simone Hoschack, den mare-Redakteuren Martina Wimmer und Karl Spurzem sowie Andrea Best, Christine Kammel und Holger Schmirgalski von MDetail Berlin (www.mdetail.de).

Heike Ollertz dankt herzlich Ursula Capaul Weber, Thomas Weber-Capaul und André Oldani von der Firma Alpa (www.alpa.ch) für die generöse Rundumerneuerung des Alpa-Equipments und dessen Erweiterung um ein nagelneues MF-Magazin 6 x 9; Wolfgang Berger und Werner Bayer von der Firma Schneider Optische Werke aus Bad Kreuznach (www.schneiderkreuznach.com) für die professionelle Wartung der Wind und Wetter ausgesetzten Objektive; Veit S. Müller und seinem Team des Labors Open Eyes (www.open-eyes-hamburg.de) für die mit großer Sorgfalt erfüllten Wünsche und die großzügige Kooperation; bei Claudia Baierl (www.avis.de) und Stefan Albert (www.avis.is) von Avis für die vulkantauglichen Fahrzeuge und Brooks Walker für die sensible Herstellung der High-Res-Daten ihrer Negative.

Edgar Herbst dankt Andreas Dippel von Leica (www.leica-camera.de), Birgit Schaller und Frank Lohstöter der Redaktion »Leica Fotografie International« (www.lfi-online.de) für die Leihgabe des analogen Klassikers Leica M7, ausgestattet mit der Optik Summilux-M 1:1,4/35 mm; Marco Lange von La Strada (www.la-strada.de) für den königlichen Luxusliner auf vier Rädern, der Freiheit, Unabhängigkeit und wirkliches Verweilen erlaubte, um Nähe zu den Menschen zu entwickeln; Börge Muxfeldt von der deutschen Vertretung der Smyril Line (www.smyrilline.de) für die schöne Fährreise meiner und des »Regent S« auf der M/S »Norröna«; Karna Sigurðardóttir und Viktor Sebastian aus Egilsstaðir (www.glamour.is) für Inspiration und Freundschaft; Rahel und Ole Petscheleit (www.ole-pet.de) für den feinfühligen Handentwicklungsprozess des analogen Schwarz-Weiß-Filmmaterials, für die fantastischen Scans für den finalen Druckprozess und für die mit Herz angefertigten Fotografien auf traditionellem Barytpapier für die Ausstellung in der Hamburger Galerie Persiehl & Heine (www.persiehl-heine.de).

Unser gemeinsames Dankeschön gilt außerdem Brooks Walker aus Reykjavík (www.borealisworks.com) für die Herzlichkeit und die stets geöffneten Ateliertüren sowie für die fotografische Beratung und praktische Überlebenshilfe auf unseren Reisen, und Jennifer Schröder und Zeno Keilhacker aus Seltjarnarnes (www.bluehouse.is) für die große Gastfreundschaft.

»Með pökk« dem gastfreundlichen, fantasievollen, mystischen und unbestechlichen Wesen der isländischen Menschen, denen wir begegneten; Verneigung und Respekt vor den nordischen Geistern und gutmütigen Gottheiten, die uns beschützend begleiteten.

Herausgeber
Nikolaus Gelpke

Fotografie
Heike Ollertz, Edgar Herbst

Texte
Martina Wimmer

Gestaltung
Simone Hoschack

Bildredaktion
Nikolaus Gelpke

Textredaktion
Karl Spurzem

Karte
Peter Palm

Satz / Reproduktion / Produktion
MDetail, Berlin

Druck
Bosch-Druck, Landshut

Drucktechnik
Dieses Buch wurde mit der hochpigmentierten Farbserie »NovaArt®« im 120-L/cm-Feinraster produziert.

Bindung
Conzella Verlagsbuchbinderei, Aschheim-Dornbach bei München

Papier
Zur Verwendung kam Condat matt Périgord 170 g/m².

Pickhuben 2, 20457 Hamburg
Telefon +49 (0)40 36 98 59 0, Fax +49 (0)40 36 98 59 90

www.mare.de

ISBN 978-3-86648-023-0